MANIFESTATION DES ESPRITS

SOCIÉTÉ SPIRITE DE BORDEAUX

PREMIÈRE SÉRIE

CARACTÈRES
D'OUTRE-TOMBE

par l'Esprit de LA BRUYÈRE

Médium : Mme Cazemajour

« Hors la charité point de salut. »
(DOCTRINE SPIRITE)

PRIX : 50 centimes

BORDEAUX
Imprimerie centrale DE Lanefranque, rue Permentade, 23 et 25.
— Août 1862 —

MANIFESTATION

DES ESPRITS

BORDEAUX. — IMPRIMERIE CENTRALE DE LANEFRANQUE, RUE PERMENTADE.

MANIFESTATION DES ESPRITS

SOCIÉTÉ SPIRITE DE BORDEAUX

PREMIÈRE SÉRIE

CARACTÈRES

D'OUTRE-TOMBE

Par l'Esprit de LA BRUYÈRE

Médium : Mme Cazemajour

« Hors la charité point de salut. »
(DOCTRINE SPIRITE.)

EN VENTE :

A Bordeaux, chez les principaux libraires.
Dépôt principal, au siége de la Société Spirite, 13, rue Barennes.

1862

A la Société
des Etudes spirites de Paris.

A vous, nous dédions ce petit opuscule, premier essai de nos travaux spirituels.

La Société spirite de Bordeaux
reconnaissante.

INTRODUCTION

La Société Spirite de Bordeaux ayant fait, dans sa séance du 25 janvier 1862, l'évocation de l'Esprit de La Bruyère, cet Esprit répondit à une question posée qui lui demandait un enseignement de son choix : « *Plus tard, mes amis, j'essaierai de tracer quelques caractères. Vous pardonnerez ma franchise, car je vous dirai les choses sans finesse et sans détours.* »

En effet, quelque temps après, l'Esprit tenait sa promesse, et c'est la première série de ses essais que nous livrons à la publicité.

Notre but sera atteint si cette peinture des vices de notre époque peut causer dans l'âme de quelques-uns de nos frères de sages et salutaires réflexions qui les portent à s'améliorer : point essentiel et important de tout enseignement spirite.

Puissions-nous prouver par notre amélioration morale, à l'Esprit de LA BRUYÈRE, toute la reconnaissance que nous lui devons pour l'intérêt qui le porte à continuer, à l'état d'Esprit, le cours de critique morale qui met à nu les faiblesses de notre pauvre humanité, et qui lui fait trouver, dans la sainte doctrine du Spiritisme, la confiance et la force de secouer le viel homme pour renaître à la lumière et à la vérité.

A. SABÒ.

MANIFESTATION DES ESPRITS

L'INCRÉDULE

Paul ne croit à rien. C'est un esprit fort. Il rougirait d'avoir la foi vulgaire des ignorants, des gens du peuple et des peureux qui s'inclinent devant la Grandeur et la Majesté de Dieu, le reconnaissent pour leur Créateur et l'arbitre de la destinée de leur âme après la mort. Aussi, il faut voir comme il exerce sa verve railleuse contre ceux de ses frères qui ont la faiblesse de croire à ces contes de bonnes femmes, à ces rêveries dignes des temps primitifs. Son air audacieux étonne les fervents et ébranle les faibles qui ne savent comment allier la paix du cœur, la sérénité du visage avec le cynisme de négation absolue d'autorité et de création spirituelle auxquels sont soumis tous les hommes et qui se disent : comment cela se peut-il ?

Ne vous y trompez pas, mes amis, l'incrédulité n'est qu'un masque ; car il n'en est pas un parmi les enfants des hommes qui n'ait quelque part au fond du cœur une étincelle de foi native, puisée à la source du foyer de l'amour de celui qui les a créés. C'est une forfanterie ridicule, un sot amour-propre qui rendent les incrédules aussi fanfarons. Vienne l'heure du danger et de la mort, vous voyez tomber leur superbe; ils ont peur de la tombe où ils vont être ensevelis; ils ont peur du néant qu'ils préconisaient ; ils ont peur de Dieu qu'ils niaient; ils ont peur de l'expiation qu'ils sentent avoir justement méritée.

Mes amis, gardez-vous de l'incrédulité. Elle retarderait votre progrès intellectuel et moral. Aujourd'hui, plus que jamais, faites appel à la vertu céleste de la Foi ; car les temps sont proches où vous aurez besoin de la posséder grande, forte, à l'épreuve des persécutions, des tentations et de la souffrance. La régénération physique et morale de votre planète est sur le point de s'accomplir.

LE BAVARD

Connaissez-vous quelque chose de plus fatigant et de plus insipide qu'un bavard? Hélas! non. Fuyez les lieux qu'il fréquente; fermez-lui votre porte; ne lui rendez pas de visites pour échapper, s'il est possible, au flux de paroles prêt à vous envahir. Parlez-vous d'actualités? il s'empare de ce sujet avec habileté. Vous conduit à Rome, à Pékin, n'oublie ni la guerre des États-Unis, ni celle du Méxique, ni les chrétiens du Liban. Il connaît les embarras et les difficultés politiques de tous les gouvernements du Monde. Il ne vous fait grâce de rien. Discute sur le pouvoir absolu, constitutionnel, républicain; prend la haute main dans les grands rouages des corps de l'État. Son auditoire dort qu'il parle encore. Il a tant de sujets à épuiser en littérature! Il cite les auteurs anciens et modernes, les classiques et les romantiques, les poètes, les historiens, les journalistes, les auteurs de drame et de comédie, les académiciens, les savants. Il ne connaît d'eux que le nom, cela lui suffit pour bâtir d'inépuisables thêmes. Quel que soit le sujet que vous traitiez, il le discute. Nul ne peut avec lui glisser le plus petit mot : c'est une avalanche de paroles à faire fuir le plus intrépide. A défaut d'autre chose, il vous parle de lui, de sa femme, de ses enfants; n'oublie ni leur maladie, ni leurs accidents, ni leurs défauts, ni leurs gentillesses. Vous savez ce qu'il a mangé à son dîner, le prix qu'il a coûté, la manière dont on l'a préparé. Puis, vient le tour des médecins, de la médecine, des confesseurs, des prédicateurs, des médiums, des Esprits, des spirites et du Spiritisme. Il n'oublie rien, ne s'arrête jamais. S'il n'a personne avec lui, il parle seul. Il parle en marchant, en travaillant, en mangeant, et parlera jusqu'à l'heure suprême de l'agonie terrestre, où ses amis, enfin délivrés de ce moulin à paroles, feront des souhaits pour son amélioration à l'état d'Esprit, afin que dans une autre existence il ne parle qu'avec modération et à propos.

LE TACITURNE

Il ne faut pas tomber dans les extrêmes. J'ai stigmatisé les bavards pour vous engager à vous corriger si vous avez ce défaut ; mais vous tomberiez dans l'exagération si, pour éviter de trop parler, vous ne parliez pas du tout. Vos relations sociales dépendent souvent de votre manière d'être. Une aimable causerie spirituelle, sans prétention, laissant tour à tour émettre l'avis ou la réplique ; une humeur douce et enjouée est le milieu que vous devez garder pour être sociable ; car ni le bavard ni le taciturne ne le sont.

Voyez Georges : il ne manque pas un bal, un concert, un dîner, une soirée intime ; mais il n'y fait que des frais de représentation seulement. On ne l'a jamais vu prendre part à aucune conversation. Il ne parle que par monosyllabes ; il salue en entrant et en sortant ; fait ses compliments à la maîtresse de la maison ; répond par oui ou par non aux questions qu'on lui adresse, et c'est tout. Quand on réussit à le faire parler un peu plus, il faut lui arracher de force ses paroles. C'est un véritable travail, et peu amusant ; aussi tout le monde finit par lui tourner le dos en haussant les épaules. Il figurerait à merveille la statue de l'ancienne divinité qui invitait au silence. Il n'y a pas de chartreux qui parle moins. Chez lui, il ne parle que par signes ; il se prive, avec une fermeté digne d'un spartiate, d'un organe très-commode et très-utile pour exprimer son opinion ou sa volonté. Pauvre fou qui se croit sage ! Quand il se compare au bavard, il est moins fatigant et moins incommode ; mais son influence attriste et inquiète. Ce n'est pas étonnant, il est, sans s'en douter, le jouet de l'obsession d'esprits qui s'amusent à le bercer dans l'idée qu'il suit la bonne voie ; et il ne parlerait pas davantage, quand même il y serait contraint par les moyens les plus violents.

Puissent les enseignements spirites lui dessiller les yeux et le rendre plus communicatif. Ses amis et sa famille se féliciteront de ce changement ; car il n'a que ce travers, et est digne en tout de leur affection et de leur dévouement.

LE MENTEUR

Méfiez-vous de ces Esprits ennemis de la vérité et de la franchise. Le mensonge est toujours l'indice d'une infériorité bien caractérisée, et le reflet d'incarnations antérieures subies dans de tristes conditions. Les hommes sages et sensés se laissent prendre parfois par les menteurs; mais quand ils les découvrent, c'est fini : ils ne leur accordent plus aucune confiance et les évitent avec soin. C'est que la bouche qui se souille par le mensonge distille le poison et la mort ; et votre planète est lente à progresser parce que ce vice en engendre un grand nombre qui contribuent à semer la discorde parmi les hommes, et à éloigner d'eux l'amour et la charité. Il vous est facile de vous préserver du contact pernicieux des menteurs en vous donnant la peine de les observer. Si par hasard vous causez avec eux de votre fortune à venir, ils en ont avec la langue une bien plus considérable. Causez-vous de votre emploi, ils gagnent le double que vous. Vous trouvez-vous dans quelques sociétés particulières s'ils vous abordent, ce n'est que pour mentir impudemment à propos de tout et de rien. Découvrez-vous par hasard la tromperie du menteur, si vous la lui reprochez, il la nie effrontément et crie plus que vous. Pauvre insensé qui croit acquérir la considération générale, le crédit, la bienveillance de ses semblables en s'affichant.

Mes amis, méfiez-vous des menteurs; ils sont à craindre, et surtout ne mentez jamais. Ayez le courage d'avouer hautement vos mensonges s'il vous arrive, ou s'il vous est arrivé d'en faire. Sachez-le, la porte des mondes heureux est fermée aux Esprits menteurs.

L'INDISCRET

L'indiscret est un fléau dont vous devez vous défier comme de la plus noire peste. Il porte ses ravages jusqu'au sein des plus honorables familles, et je ne connais guère d'autre moyen de s'en préserver que de lui fermer la porte au nez sans pitié, chaque fois qu'il voudra en franchir le seuil. Si vous la laissez seulement entrebaillée, vous êtes perdus. Il se glisse par les ouvertures les plus étroites; écoute aux portes; fait parler les enfants, l'aïeule, les domestiques; vous accable de ses questions importunes; et, de guerre lasse, il vous arrache, par ses questions détournées et adroites, ce que vous voudriez cacher à tous les yeux. Il ne respecte rien : ni le secret de votre mésintelligence en ménage, ni la gène où il se trouve. Il sait ce que vous devez avoir pour dîner, le nombre de vos dettes, si vous en avez; le désordre de vos affaires. Et ce n'est pas pour vous aider à sortir d'embarras qu'il cherche à savoir tout cela : il ne s'y intéresse que pour aller dire partout le secret de la position fâcheuse où vous vous trouvez. Ce n'est que lorsque le boulanger vous refuse son crédit; que votre propriétaire vous réclame son terme, et qu'une nuée de vautours viennent fondre à l'envi sur votre tête pour vous dévorer, que vous vous apercevez de l'indigne abus qu'il a fait de votre confiance. Avec un peu plus de temps, vous auriez pourvu à tout et nul ne se serait aperçu de l'incurie de votre position. Il est trop tard : son indiscrétion a tout perdu, et vous lui devez votre ruine et votre perte.

Méfiez-vous, vous êtes avertis : il n'y a rien de pire que les indiscrets.

LE MÉDISANT

Il y a des hommes qui ne vivent que pour manger, comme il y en a qui ne vivent absolument que pour prouver au genre humain qu'ils ne sont pas atteints de mutisme, et qui, dès leur jeune âge, exercent leur intelligence à ce funeste penchant qui devient, avec le temps, le vice le plus redoutable pour autrui. Il vous sera très-facile de vous préserver de leur contact au portrait que je vais vous tracer. Il est très-ressemblant.

Le médisant vous aborde toujours le sourire sur les lèvres; vous serre affectueusement la main; s'informe, avec une sollicitude feinte, de votre santé, de vos affaires, de votre famille, de votre position; vous témoigne le plus vif rèt, et court redire, au premier venu qu'il contre sur son chemin, avec des amplifica-s menteuses, ce que, dans votre bonne foi, s avez dit devant lui. Il fait de vous un pa-yrique qui ne vous fera pas canoniser sur erre. Vous croyez du moins qu'il va mé-er celui à qui il vient de confier si charita-nent les défauts qu'il vous trouve? Erreur ssière : il ne ménage ni ne respecte per-ne. Sa vie se passe à courir d'un lieu à un re pour y colporter ou y puiser des nou-es sur tels ou tels, et, télégraphe vivant, activité n'a aucune limite. Il ne dort pas : onge la nuit à ses exploits du lendemain. Si hasard vous lui faites des reproches de sa duite, il crie plus que vous; nie ce que vous reprochez, avec un cynisme et une audace t sont susceptibles tous les hommes de son ibre. Il finit par mettre les torts de votre é, et sort triomphant de ce mauvais pas pour ommencer de plus belle à médire de vous vous nuire dans l'esprit des gens faibles et gueilleux. Le meilleur moyen de vous dé-rasser de ces amis dangereux, est de ne r rien confier, et de ne vouloir à aucun prix écouter leurs discours perfides. S'ils sont éconduits par tous les gens sensés, ils rongeront leur mors avec rage; mais au moins ils ne feront plus de mal; et, honni dans ce monde et dans l'autre, ils expieront cruellement leurs méfaits.

L'OFFICIEUX

Quand vous ne connaissez pas Anselme et que vous le voyez pour la première fois, vous vous laissez prendre à ses dehors séduisants, aux chaleureuses démonstrations de sympathie et d'amitié qu'il vous prodigue. Il vous étourdit de ses protestations; vous fait obligeamment ses offres de services; vous traite d'ami, de frère et vous laisse ébahi des témoignages d'affection bruyante dont il vous accable, et dont il veut à tout prix vous obliger à accepter les preuves. En galant homme, vous refusez poliment ses offres généreuses, mais ne pouvez vous dispenser, avant de le quitter, de lui promettre de mettre son amitié à l'épreuve, n'importe dans quel cas. Il a vraiment l'air si heureux de pouvoir vous obliger et vous être utile, que vous ne pouvez vous dispenser de lui promettre formellement d'avoir recours à lui, si besoin est. Mais là se borne sa générosité. A peine êtes-vous sorti de chez lui qu'il vous oublie, et prodigue à d'autres les trésors d'épanchements qui sont un besoin impérieux de sa nature et non de son cœur. Vienne pour vous le quart-d'heure de l'inquiétude, de la gêne, de la souffrance, vous allez à lui confiant. Mais quel désappointement! il vous reçoit avec froideur et embarras. Il a de graves soucis, des revers inattendus ont compromis ses revenus; sa femme et ses enfants sont malades, lui-même n'est pas très-bien; les temps sont durs; il est au désespoir. Bref, il vous éconduit avec politesse en vous donnant le regret d'avoir tenté près de lui l'humiliante démarche qui a abouti à un si piètre résultat. Il est ainsi enthousiaste pour toutes choses. Il voit tout sous un prisme couleur de rose, s'en exagère l'importance et la valeur, finit par ne s'attacher à rien, et mène une vie inutile pour lui, préjudiciable à beaucoup de ses frères qu'il trompe par les fausses apparences de son enthousiasme fatal.

Méfiez-vous donc des enthousiastes et des officieux, et gardez-vous de l'être. Jugez les hommes et les choses avec sang-froid et sagacité. Nous vous permettons les élans chauds et passionnés quand ils viennent du cœur et qu'ils ont pour base : l'Amour et la Charité.

LE PRÉTENTIEUX

Lucien marche la tête haute, le regard assuré ; il a le salut protecteur ; il voudrait voir le genre humain à ses pieds pour lui prodiguer l'encens de la louange. Malheureusement nul ne fait attention à lui. Son esprit, ses talents, son mérite, ses brillantes qualités ne sont que vanité et présomption. Il fait pitié ; il est à plaindre. Il ne perd aucune occasion de faire parade de son érudition et de sa science ; se rengorge comme le dindon quand il croit avoir lancé un bon mot, et attend l'effet produit avec anxiété et inquiétude. Il souffre toutes les déceptions de la vanité blessée. Nul n'est capable de faire un discours, un compliment, de polir une phrase comme lui. C'est un génie universel. Inclinez-vous. Il est passé maître dans l'art de se mettre en évidence et de réduire ses antagonistes à se taire. Il a le verbe haut, le ton tranchant, la parole diffuse ; ne souffre pas de réplique. Sa parole est un arrêt auquel tous doivent se soumettre.

Le croyez-vous véritablement ce qu'il veut paraître? vous avez tort. S'il était véritablement savant et bon, il se garderait bien d'agir de cette manière. Le vrai savant est toujours modeste : il n'y a que les sots qui visent à l'effet. Aussi qu'arrive-t-il? c'est qu'il est sans cesse à l'affût de nouvelles connaissances qui, tour à tour ennuyées et désabusées sur son compte, le délaissent peu à peu, et le laissent exhaler sa bile contre ceux qui ne l'apprécient pas à son gré. Il finit de guerre lasse par faire sa société de gens plus sots que lui. Car vous le savez, mes amis, un sot trouve toujours un plus sot qui l'admire. Puis, après avoir épuisé d'une manière si futile l'existence présente, il sera forcé d'en recommencer une autre dans le corps d'un idiot ou d'un crétin, par exemple, et d'expier son penchant funeste à la prétention et à l'orgueil.

LE BRUTAL

Gustave a un caractère qui n'est disposé à recevoir les observations de personne, même quand elles seraient faites avec douceur et déférence. En revanche, il est assez injuste pour les faire aux autres d'une manière si brutale, que tous ceux qui dépendent de lui souffrent en silence et se taisent pour ne pas être exposés à sa brutalité. Il n'est pourtant pas méchant; mais il tient à le paraître. C'est sa marotte de s'imposer par la force, et il est fier de son triomphe, rit sous cape de la crainte qu'il inspire, et se vante de savoir mieux que personne faire marcher les gens. C'est pourtant une grande faute et une erreur grossière. Il faut que ceux d'entre vous qui ont agi comme les gens de ce caractère se réforment peu à peu. Il vaut mieux s'imposer par une bienveillance ferme que par la brutalité. Cette habitude une fois enracinée est difficile à détruire. Le brutal ne peut à l'occasion se servir de phrases douces, polies et affables. Il n'a à sa disposition qu'un vocabulaire peu en usage parmi les gens bien nés, qui le considèrent comme un être grossier et sans éducation; tandis qu'il a tout ce qu'il faut pour être ce qu'il cherche à ne pas paraître, et que ce seul défaut efface, aux yeux de tous, ses bonnes qualités.

Mes amis, croyez en moi, corrigez-vous. Il est vrai que ce n'est pas un vice; mais c'est un grand défaut qui fait cruellement souffrir le prochain. Mieux que personne vous pouvez en juger, en pensant à l'effet que produirait sur vous quelqu'un qui agirait de la sorte; et le Spiritisme vient vous dire de ne pas faire aux autres ce que vous ne voudriez pas qu'il vous fut fait.

L'ÉGOÏSTE

Oh! Gnaton, dont j'ai tracé le caractère pendant ma vie terrestre, que ton type est loin de l'égoïste du XIXe siècle! Ce vice a atteint depuis ce temps des proportions si grandes que, quoique j'en dise, je serai toujours au-dessous de la réalité. Puisse la vérité me guider de ses aspirations, et me faire esquisser les traits les plus saillants de cette plaie sociale de votre époque!

L'égoïste est un homme privé de sentiments à l'égard du prochain. Le *Moi* seul trouve de l'écho dans ce cœur de bronze où n'ont jamais vibré les fibres de la sensibilité. Pourvu qu'il mange, boive, s'amuse, dorme et se porte bien peu lui importe que les autres manquent du nécessaire. A table, à lui les meilleurs morceaux et les plus délicats. Il faut le satisfaire à tout prix. Sa santé souffrirait du régime où il condamne sans pitié sa famille. Il lui faut des vêtements recherchés. Sa femme et ses enfants pauvrement vêtus, sont réduits à se cacher devant les étrangers. Qu'importe? il est heureux, il est bien mis. Au foyer, il occupe dans un large fauteuil la place de quatre; il faut se chauffer derrière lui. Quand il veut se coucher, son lit bassiné avec soin attend que sa chère personne aille reposer son corps si délicat que tout lui est souffrance. On s'évertue à le bien soigner; il n'en a aucune reconnaissance; il n'a jamais dit merci. A quoi bon? Est-ce qu'on ne doit pas être très-honoré de le servir! Mais si ceux qui le servent sont malades, qu'ils ne se plaignent pas devant lui : les plaintes des autres l'importunent, et il les fait taire ou il fait le sourd, n'entend pas, se refuse à croire à des maux qu'il n'endure pas; n'a qu'une crainte : celle d'être privé de ses aises, de souffrir et de mourir. Le reste lui est indifférent. Il n'a jamais fait l'aumône pour le plaisir de la faire. Il l'a fait par orgueil, s'en vante à tout propos; regrette au fond du cœur les quelques pièces d'or arrachées à son égoïsme, et crie bien haut que les bienfaits ne font que des ingrats. Pour cette charité, mes amis, Dieu vous tient quitte de la reconnaissance. Soyez reconnaissants à la fée bienfaisante qui vient à vous les yeux fermés (elle ne veut pas vous connaître), les mains pleines, le cœur chaud. Bénissez-là : c'est l'envoyée du Seigneur et personne ne connaît ses sublimes secrets.

Arrière égoïstes qui seuls voulez vous abreuver des jouissances de la terre, et qui fermez vos portes, vos bourses et vos cœurs à votre prochain. Votre tour viendra, et dans les mondes heureux, où ne peuvent habiter les égoïstes, vous serez repoussés sans pitié du banquet fraternel des bons, et expierez, dans l'isolement et la douleur, l'endurcissement et l'insensibilité de votre vie terrestre.

LE MISANTHROPE

Rien n'est triste comme de passer sa vie avec des hommes de cette noire humeur. Ennuyeux et ennuyés, ils se plaisent à se créer des peines imaginaires ; croient le genre humain entier ligué contre eux ; fuient en vrais sauvages la société pour se reléguer dans le noir sanctuaire de leur intérieur, d'où ils exhalent les plaintes les plus amères contre leur destinée. Pauvres fous ! c'est en vain que l'on a voulu porter remède à votre folie par d'utiles avertissements et de sages conseils, elle a été jusqu'ici incurable ; et si le Spiritisme ne réussit pas à vous faire envisager les choses sous leur véritable point de vue et vous corriger, vous verrez dans le Monde spirite comment sont reçus les Esprits chagrins et moroses qui changent en absinthe et en fiel la coupe de miel de leurs frères. Ils sont plus communs que vous ne pensez parmi vous. Je vais vous esquisser, au hasard, un de ces caractères entre mille, persuadé que vous le reconnaîtrez sans peine.

Guillaume serait un heureux parmi les heureux de la terre s'il voulait l'être. Il n'est pas riche ; mais il possède une honnête aisance qui le met à l'abri du noir souci de songer la veille aux besoins du lendemain. Sa jeune femme est spirituelle, douce, bonne, fidèle et dévouée ; ses enfants, pleins de grace et de gentillesse, sont resplendissants de santé ; ses domestiques sont soumis, prévenants, attentifs, et lui sont sincèrement attachés ; ses amis sont sûrs, discrets, généreux, et ne reculeraient devant aucun sacrifice pour l'obliger. Eh bien! avec tout cela, il est le plus malheureux des hommes, et fait souffrir à tous ceux qui l'entourent la torture morale la plus cruelle. La causerie de sa femme est pour lui un verbiage insipide et il le lui dit; ses caresses sont feintes, son dévouement intéressé; à chaque instant du jour il enfonce les pointes acérées de ses dures paroles jusqu'au fond de son cœur; il ne peut supporter ses enfants; leur babil l'importune, leurs jeux le fatiguent, ils sont condamnés au silence et à l'inaction sous peine des plus sévères corrections. Les domestiques, grondés du matin au soir, ne font rien à son gré; ils ont beau s'évertuer à le contenter, ils n'y réussiront pas. Chez lui c'est un parti pris, et il ne sait que blâmer et se plaindre; c'est son affaire. Aussi ses amis sont-ils obligés d'écouter le lamentable récit de ses peines chimériques et de lui donner raison, sans cela ils sont éconduits sans pitié et consignés de manière à ne plus franchir le seuil de cette triste demeure; bien triste en effet, car tout le monde s'en éloigne peu à peu. La crainte paralyse les facultés morales et physiques de tous ceux qui ont à souffrir de la dépendance du chef de la maison. Triste tableau, pour les Esprits et pour les hommes, que de voir s'étioler dans les larmes la jeune femme et les petits enfants qu'il avait mission de rendre heureux, et qu'il plonge dans le désespoir.

Mes amis, gardez-vous de ce travers, souvenez-vous que dans quelque position sociale que Dieu vous ait fait naître, il ne dépend que de vous d'être heureux. Pour cela soyez toujours d'humeur gaie, douce et indulgente. Mieux valent les privations et la gêne avec la gaité d'humeur, que l'aisance autour du foyer où règne en souveraine la misanthropie.

L'ENVIEUX

La position de Prosper dans la société est honorable, quoique obscure. Il appartient à la classe mixte la plus heureuse. Il ne souffre pas des privations de la pauvreté, et n'est pas atteint par les déceptions de la classe élevée. Il pourrait être très-heureux, si l'envie ne dévorait son cœur et ne lui faisait subir la torture morale la plus cruelle. Rien d'heureux ne peut arriver à son prochain sans qu'il en éprouve de poignantes angoisses. Il fait tous ses efforts pour dissimuler cette maladie de l'âme sous l'aspect de la sévérité; il n'y peut réussir. Son regard terne et égaré, son sourire de convention, son rire strident, sa figure altérée, sa poitrine oppressée et convulsive révèlent à tous la source cachée de ces affreux ravages. Je n'exagère pas, on en meurt avant terme. L'envie tue l'âme et le corps; suscite des procès et des querelles sans motifs apparents, mais dont elle est le mobile; sème la discorde au sein de la famille et de l'amitié. Désunir et diviser sont ses tristes conséquences.

Gardez-vous de donner accès dans vos cœurs à ce rongeur infatigable qui souille de ses morsures empoisonnées la plupart des hommes. Pensez-y bien; l'envieux malheureux sur la terre le sera davantage encore en la quittant; car de sévères et dures punitions lui sont réservées jusqu'à ce qu'il s'améliore et expie dans de nouvelles incarnations.

L'AMBITIEUX

Quelqu'élevé que soit son piédestal, s'il n'est pas au pinacle, il n'est pas satisfait. Et comme il y a beaucoup d'ambitieux et peu de positions premières, il s'ensuit que ces pauvres aveugles s'évertuent par la ruse, l'intrigue et toutes les ressources de leur intelligence, à poursuivre la fantastique chimère, objet de leurs vœux les plus chers. Ils meurent sans avoir atteint le but chimérique qu'avaient rêvé toutes leurs facultés réunies. Maladie de l'âme, triste et grave. L'ambition absorbe tous les sentiments généreux. Elle n'arrive en général qu'après les déceptions du plaisir, de l'amour et de l'amitié. L'ambitieux ne travaille que pour dominer par sa position, sa fortune, ses dignités la foule obscure de ses concitoyens. Il y arrive quelquefois; mais il n'est pas satisfait. Il souffrira tant qu'il verra sur la terre un mortel plus favorisé que lui. Fut-il berger, fut-il roi, s'il est dévoré par cette plaie rapace, il ne guérira jamais. Il usera sa vie en efforts héroïques, mais impuissants. Avant que d'être satisfait, il maudira l'abréviation de sa vie, luttera en vain contre l'ange de la délivrance chargé de trancher le fil de ses jours, si peu profitables pour l'avenir de son esprit, et, transporté dans la vraie patrie, il reconnaîtra l'inutilité de son épreuve qu'il lui faudra recommencer, après avoir expié d'abord la faute grave d'avoir travaillé à l'avancement de la matière avant de songer à l'avancement de l'Esprit.

L'INCONSTANT

L'inconstance est un défaut très-commun parmi les hommes. Ils lui doivent souvent le poids de leurs infortunes, au point de vue matériel, et la privation des affections vraies et durables; car l'amour et l'amitié sincères ont besoin de constance pour être cimentés par le cœur.

L'inconstant, quand il est en âge d'apprendre, essaie de tous les métiers sans en apɪndre aucun. Celui-ci est trop pénible, un ɪtre trop ingrat ou trop peu lucratif, celui-là ·p abject. Bref, il passe ses plus belles années ɪns ces infructueux essais sans avoir obtenu plus minime résultat. Alors, il se jette dans ; affaires ou dans les emplois, et recommence triste série d'essais sur telle ou telle branche ; commerce et d'industrie, où il se ruine et ıbit les déceptions et les déboires les plus ·uels. De là, il accuse le sort de s'acharner à poursuivre, tandis que c'est lui seul qui est auteur de ses maux. En amour et en amitié, ne fait autre chose que ce que fait le pa-illon : il en a à peine effleuré la coupe suave ɥu'il ne croit ni à l'un ni à l'autre. Il est réelle-ɪent malheureux.

Que le Spiritisme vienne au moins éclairer ces pauvres esprits inquiets; c'est le seul re-ɪnède à leur humeur changeante. Qu'ils aient le courage et la force de persévérer jusqu'au bout dans l'étude de la nouvelle foi, ils com-prendront alors qu'en remplaçant l'inconstance par la persévérance, ils arriveront à leur but sur la Terre et dans le Monde des Esprits.

———

LE GOURMAND

Jean ne pense qu'à manger. C'est pour lui une grave occupation où il dépense toutes les ressources de son esprit. Au déjeûner, il se préoccupe du dîner; au dîner, il s'occupe des repas du lendemain. C'est pour lui très-important, très-sérieux, et tous ses moments sont absorbés par ses préparatifs. Il surveille l'acquisition des mets; leur préparation. Il sait le temps qu'il faut pour faire tel ou tel ragoût. Le rôt est l'objet de sa plus tendre sollicitude. Les entremets, les hors-d'œuvre sont de son ressort. Il excelle dans le choix qu'il en fait. Nul ne connaît au même degré que lui l'arôme des vins et des liqueurs. C'est un gourmet consommé. Son palais est sûr, il ne l'a jamais trompé. Son goût délicat et exquis, connaît au flair les meilleures friandises, sucreries, confitures, gâteaux, crêmes, fruits; tout ce qui est enfin digne de figurer sur la table des rois. Il goûte à tout. Après s'être assuré que tout est assaisonné et cuit à point, il se met à table avec jubilation;

il ne parle pas de peur de perdre un coup de dent. Il laisse à d'autres le soin de s'occuper de sa voisine; il mange de tout et en abondance. Tout le monde a fini qu'il mange encore. On est obligé de suspendre le service pour le laisser manger jusqu'à ce que, de guerre lasse, repus comme un animal immonde, il mette bas les armes, laisse échapper de ses mains couteau et fourchette, en soupirant de regret. Il n'a pour amis que des gens qui mangent bien et qui donnent des dîners succulents et recherchés. Il ferait au besoin un long et fatigant voyage pour faire un bon repas. Il a toujours les poches et la bouche pleines. Il ne pourrait vivre sans cela. Manger, manger c'est sa devise. Il se croit né spécialement pour faire usage de cette faculté qui l'abrutit et l'empêche de songer à son âme. Il finit par mourir d'indigestion et va dans le monde spirite où, réduit au supplice de Tantale, il verra sans cesse devant ses yeux des tables couvertes de mets délicats; leur vue, en excitant sa convoitise sera pour lui une dure punition. Il voudra en vain les palper : il n'en aura que la fumée!

LE JOUEUR

Bons amis, supportez l'épreuve de la pauvreté avec courage et résignation. Aidez-vous, pour en sortir, de tous les moyens que la probité et l'honneur vous permettent. Plus votre lutte sera pénible sur la terre, plus la récompense qui vous attend là-haut sera douce et bonne ; mais n'ayez jamais recours au jeu, ou vous êtes perdus. C'est un gouffre qui engloutit chaque jour des milliers de victimes, sans dessiller les yeux des insensés qui courent s'y précipiter.

Voyez Gaston. Vous l'avez connu riche, heureux, honoré ? Un jour, conduit par le désœuvrement dans une maison de jeu, il sent se réveiller en lui des instincts cupides. Les monceaux d'or entassé sur les tapis crasseux excitent sa convoitise. Il joue, il gagne; il continue à jouer ; il gagne encore. La chance lui est favorable. Il sort de là avec une fortune qu'il se promet d'augmenter bientôt jusqu'à un chiffre fabuleux. C'est si facile et si peu pénible ! Il est dans l'ivresse, la pire de toutes ; celle qui ne passe que pour devenir désespoir et suicide ! Désormais, il n'a plus qu'un désir, qu'une pensée : jouer ; mais la chance a tourné. Il perd avec une effrayante rapidité la fortune qu'il tient de ses pères ; dévore la dot de sa femme, le patrimoine de ses enfants ! ni les souffrances, ni les larmes de sa famille ne l'arrêtent un seul instant. Il n'a qu'une idée fixe : de l'or pour jouer ! Un jour pourtant, à la vue de ses enfants, de sa femme, pauvres et nus sur un triste grabat, étouffant leurs sanglots dans la crainte de lui déplaire, mourant de faim, de froid et de misère, il sonde avec effroi le passé, le présent et l'avenir. Mais sans courage pour entrer dans la voie de la réforme et du travail, il se fait sauter la cervelle, dont les lambeaux sanglants vont maculer la triste couche de ceux dont il a causé le malheur et la ruine !..

Voilà pour le riche.

Le pauvre se laisse aussi souvent entraîner par cette passion funeste. D'abord, il n'y voit qu'un but : celui de donner aux siens l'aisance dont ils sont privés ; mais il finit comme le riche. Il laisse dans les tripots la ruine, le déshonneur et en sort également pour en finir par le suicide.

LE PRODIGUE

Il est toujours vêtu avec luxe. Il porte un vêtement quinze jours et le donne ensuite à son valet. Il renouvelle si souvent sa garde-robe, que tous les ans le mémoire de son tailleur se monte à un chiffre qui assurerait une honnête aisance à bien des pauvres familles. Il dépense des sommes fabuleuses pour entretenir sa meute et ses écuries sur un train princier. Son château est un rendez-vous de chasse : il ressemble à un hôtel encombré continuellement de voyageurs qui vont, viennent, boivent, mangent sans façon avec la plus grande liberté; avec cette différence que c'est le maître de céans, lui seul, qui héberge cette nuée de jeunes fous écervelés qui l'aident à précipiter sa ruine. Voilà pour l'Été. L'Hiver, c'est encore pis : il a une loge à l'Opéra, où il fait quelques rares apparitions. Le premier au bois, où il parade chaque jour sur des coursiers arabes du sang le plus pur, il a pour maîtresse la lionne la plus échevelée des lionnes modernes. Il a fait pour elle des folies ruineuses; elle a des appartements somptueux; la soie, la dentelle et le velours sont les étoffes seules dignes de couvrir ses membres mignons et ses voluptueuses épaules; ses écrins sont des écrins de duchesse. C'est une véritable princesse de théâtre; seulement, si elle parle, vous reconnaîtrez bien vite qu'elle est née à la porte-cochère de quelque grand seigneur. Eh bien! notre prodigue a aliéné tous ses biens, fait les emprunts les plus usuraires pour les jeter dans tous les gouffres béants que je viens de vous décrire; gouffres qui dévorent tout et ne rendent jamais. Aussi, le quart-d'heure poignant des échéances arrive, et la bourse et le coffre sont vides; le notaire n'a plus de valeurs; l'intendant, que des biens grevés d'hypothèques. Alors terres, châteaux, meubles, chevaux, argenterie, tableaux, vestiaire, curiosités deviennent la proie des brocanteurs et des hommes d'affaires. Réduit à la plus dure extrémité, il va expier entre les murs d'une prison le mauvais emploi qu'il a fait de sa fortune, jusqu'à ce qu'il l'expie dans le monde spirite et dans une nouvelle épreuve où il sera réduit à la plus pénible misère, pour apprendre, à ses dépens, à faire un bon et noble usage des biens du Seigneur.

L'AGIOTEUR

Type inconnu de mon temps ; mais très-commun de vos jours. L'agioteur ne connaît qu'un chemin, celui qui le conduit de sa demeure à la Bourse. Il a la fièvre délirante du trois pour cent, des actions de la banque, des chemins de fer, des compagnies d'assurances, des bons du Trésor, des rentes sur l'État, des fonds étrangers et de la longue kirielle des mots et des choses en usage dans l'argot boursier. Si vous le rencontrez dans la rue, ne l'arrêtez pas ; il ne pourrait vous répondre, il est trop affairé. A l'affût des nouvelles vraies ou fausses de la hausse ou de la baisse, il passe tour à tour de la jubilation à la tristesse. Ses émotions poignantes le tiennent continuellement en éveil. C'est que dans ces jeux de hasard, tolérés en plein Soleil, la passion se réveille chez les boursiers avec une frénésie dont étaient atteints autrefois les habitués de l'ancienne roulette. Honteuse et folle ivresse qui, pour la possession d'un peu d'or, conduit souvent au désespoir, à la ruine, au suicide les adorateurs de votre siècle vénal et corrompu.

Ne vous laissez pas éblouir par les récits menteurs et exagérés de fortunes faites à la Bourse comme par magie. Sachez-le, pour quelques privilégiés qui sortent riches de ce sanctuaire des financiers, un grand nombre en sortent plus pauvres qu'avant d'y être entrés. Heureux quand ils n'y trouvent pas, avec la ruine, le déshonneur dont la tache indélébile s'imprime en traits ineffaçables sur le front de leurs petits enfants !

L'AVARE

Il porte un chapeau gras, un habit râpé, une chemise dont la blancheur est douteuse; il porte des souliers éculés et se mouche à un chiffon ou avec les doigts, ce qui est encore plus économique; et ne croyez pas que ce soit la misère qui l'ait réduit à être ainsi mal vêtu, mal nourri et mal chaussé : il a de l'or, et beaucoup, mais thésaurise, et n'a d'autre joie sur la terre que celle de contempler cet or. C'est pour lui une volupté ineffable; il tressaille d'aise lorsqu'il y plonge ses mains débiles, et ce son métallique est pour ses oreilles un concert harmonieux. Aussi il n'est pas de finesses qu'il n'imagine pour grossir son trésor. Il n'y touche jamais. Il a un lit, mais pour l'apparence; il n'y couche pas, il l'userait. Il couche sur la paille dans son grenier. De cette manière, il n'use ni ne salit de draps, et se passe de blanchisseuse. A son foyer est une bûche qui a vu passer bien des hivers sans voir briller l'étincelle qui devait lui fournir l'aliment de sa combustion. Une lampe est sur la cheminée pour la forme. Il se couche toujours à tâtons. Sa nourriture est un problème : nul ne sait de quoi il vit. Jamais le boulanger n'a franchi le seuil de sa demeure. On ne l'a jamais vu en quête d'aucunes provisions. Va-t-il mendier sa chétive nourriture, ou la ramasser comme les chiens dans les immondices? il en est capable! il est assez aveuglé par cette hideuse passion pour tirer vanité de son savoir faire en économie. Il plaint sincèrement ceux qui ne font pas comme lui, et regrette de ne pouvoir prendre la haute main dans le ménage des autres pour porter à son crédit la réforme qu'il y introduirait. Ainsi se passe sa vie misérable à se procurer de l'or au prix des plus dures privations, pour le seul plaisir de sa possession; et il meurt, méprisé et honni, faute de soins, de nourriture, de remèdes sur cet or amassé à grand'peine qui va être bientôt dissipé par ses héritiers. Il verra, à l'état d'Esprit, ce gaspillage et ce sera pour lui une torture affreuse, parce que, malgré tous ses efforts, il sera impuissant à l'empêcher et à s'en ressaisir.

L'USURIER

Il n'est pas tel que vous le dépeignent les romanciers. Ce type a disparu d'au milieu de vous; et vous ne le connaissez que lorsque, poussé par le besoin et la gêne, un officieux ami vous fait connaître son nom et son adresse que vous n'oublierez jamais si vous y mettez une fois les pieds, soyez-en sûr. Sa maison est tenue d'une manière très-confortable; sa mise soignée, ses manières avenantes; sa fortune solidement assise. Quelques personnes s'étonnent bien de n'en pas connaître la source; mais qu'importe, dans votre siècle vénal on n'y regarde pas de si près. L'argent donne la considération, l'esprit, le bon ton, le mérite. C'est un manteau brillant qui recouvre de son vernis les vices les plus odieux et l'immoralité la plus complète. Voyons si nous réussirons à tracer son caractère tel qu'il existe parmi vous.

Alexandre est un homme qui a tout en apparence pour attirer et captiver la bienveillance; ses nombreux amis le flattent pour aller de temps en temps manger son dîner. Ses relations sociales sont vraiment choisies. Il est recherché et fêté partout comme un homme riche qui sait dépenser largement sa fortune et en jouir. Pourtant cet homme si loué, si envié n'est qu'un misérable au cœur sec. Il pressure le malheureux qui a recours à lui pour quelque emprunt. Il lui fait des conditions tellement dûres, tellement impossibles, que tout son être se soulève à l'idée de les accepter. Cependant il l'implore avec toute l'énergie du malheur et du désespoir de ne pas précipiter sa ruine; il lui demande pitié pour ses petits enfants, sa femme malade, son père infirme. C'est en vain : il parle à un rocher. L'usurier est sans entrailles et il lui manque un sens, c'est l'ouïe. Il a des oreilles et il n'entend point; il ne connaît que les conditions qu'il impose à son débiteur, et il n'en démord pas. Comme les supplications du malheureux sont inutiles, celui-ci finit, forcé par l'impérieuse nécessité, par accepter l'emprunt aux plus dûres conditions, et sort de là triste et abattu. Il pressent le malheur horrible qui va l'atteindre avant peu. Il vient de laisser entre les mains de l'usurier les éléments de sa ruine prochaine; et, quand il est parti, notre usurier se frotte les mains. Encore un renard pris au piège. Bientôt, il aura un immeuble de plus; il aura des meubles, de l'argenterie, du linge assez pour meubler et garnir la nouvelle maison de campagne extorquée de la même manière, et il se dilate dans l'espoir de voir arriver l'heure fatale pour le malheureux emprunteur où il fera saisir, de par la loi, tout ce qui sera en sa possession et dont il aura en mains les titres légaux.

Ils ne sont pas si rares que vous le pensez, mes amis, les hommes de ce calibre. Puissé-je les stigmatiser et faire que le Spiritisme leur ouvre les yeux, afin qu'ils ne cherchent pas à s'enrichir par des voies déshonnêtes et l'injustice la plus révoltante; car, il y en a des milliers dans le monde spirite coupables des mêmes fautes, et qui expient cruellement leur crime. Leurs victimes les suivent en foule en jetant sur eux l'anathême, et leur font autant de peine et de misère qu'il leur en ont fait jadis, jusqu'à ce que les larmes d'un repentir sincère viennent les purifier et abréger leur expiation, en leur permettant de recommencer une nouvelle épreuve.

Bordeaux. — Imprimerie centrale DE Lanefranque, rue Permentade, 23 et 25.

www.ingramcontent.com/pod-product-compliance
Ingram Content Group UK Ltd.
Pitfield, Milton Keynes, MK11 3LW, UK
UKHW020957220726
13924UKWH00002B/755

9 782019 969530